Great Works Instructional Guide for Literature

Esperanza renace

A guide for the Spanish version of the novel by Pam Muñoz Ryan
Great Works Author: Kristin Kemp, M.A.Ed.

SHELL EDUCATION

Publishing Credits

Corinne Burton, M.A.Ed., *Publisher*; Emily R. Smith, M.A.Ed., *VP of Content Development*;
Caroline Gasca, M.S.Ed., *Senior Content Manager*; Sam Morales, M.A., *Project Manager*;
Jill Malcolm, *Multimedia Specialist*

Image Credits

iStock (cover)

Standards

© Copyright 2022. National Governors Association Center for Best Practices and Council of Chief State School Officers.
All rights reserved.
© Copyright 2007–2021 Texas Education Agency (TEA). All Rights Reserved.

Shell Education

A division of Teacher Created Materials
5482 Argosy Avenue
Huntington Beach, CA 92649-1039
www.tcmpub.com/shell-education
ISBN 978-1-4938-9130-6
© 2022 Shell Educational Publishing, Inc.

Printed in USA. WOR004

Table of Contents

How to Use This Literature Guide 4
    Theme Thoughts. 4
    Vocabulary 5
    Analyzing the Literature 6
    Reader Response. 6
    Close Reading the Literature. 6
    Making Connections 7
    Creating with the Story Elements. 7
    Culminating Activity 8
    Comprehension Assessment 8
    Response to Literature 8

Correlation to the Standards. 8
    Purpose and Intent of Standards 8
    How to Find Standards Correlations. 8
    Standards Correlation Chart 9

About the Author—Pam Muñoz Ryan 11
    Possible Texts for Text Comparisons 11

Book Summary of *Esperanza Rising* 12
    Cross-Curricular Connection 12
    Possible Texts for Text Sets 12

Teacher Plans and Student Pages. 13
    Pre-Reading Theme Thoughts 13
    Section 1: Prologue–Chapter 3 14
    Section 2: Chapters 4–5 24
    Section 3: Chapters 6–8 34
    Section 4: Chapters 9–10 44
    Section 5: Chapters 11–13. 54

Post-Reading Activities 64
    Post-Reading Theme Thoughts 64
    Culminating Activity: To Strike or Not to Strike .65
    Comprehension Assessment. 67
    Response to Literature: A Nation of Immigrants. .69

Answer Key 71

How to Use This Literature Guide

Today's standards demand rigor and relevance in the reading of complex texts. The units in this series guide teachers in a rich and deep exploration of worthwhile works of literature for classroom study. The most rigorous instruction can also be interesting and engaging!

Many current strategies for effective literacy instruction have been incorporated into these instructional guides for literature. Throughout the units, text-dependent questions are used to determine comprehension of the book as well as student interpretation of the vocabulary words. The books chosen for the series are complex exemplars of carefully crafted works of literature. Close reading is used throughout the units to guide students toward revisiting the text and using textual evidence to respond to prompts orally and in writing. Students must analyze the story elements in multiple assignments for each section of the book. All of these strategies work together to rigorously guide students through their study of literature.

The next few pages will make clear how to use this guide for a purposeful and meaningful literature study. Each section of this guide is set up in the same way to make it easier for you to implement the instruction in your classroom.

Theme Thoughts

The great works of literature used throughout this series have important themes that have been relevant to people for many years. Many of the themes will be discussed during the various sections of this instructional guide. However, it would also benefit students to have independent time to think about the key themes of the novel.

Before students begin reading, have them complete *Pre-Reading Theme Thoughts* (page 13). This graphic organizer will allow students to think about the themes outside the context of the story. They'll have the opportunity to evaluate statements based on important themes and defend their opinions. Be sure to have students keep their papers for comparison to the *Post-Reading Theme Thoughts* (page 64). This graphic organizer is similar to the pre-reading activity. However, this time, students will be answering the questions from the point of view of one of the characters in the novel. They have to think about how the character would feel about each statement and defend their thoughts. To conclude the activity, have students compare what they thought about the themes before they read the novel to what the characters discovered during the story.

How to Use This Literature Guide (cont.)

Vocabulary

Each teacher overview page has definitions and sentences about how key vocabulary words are used in the section. These words should be introduced and discussed with students. There are two student vocabulary activity pages in each section. On the first page, students are asked to define the ten words chosen by the author of this unit. On the second page in most sections, each student will select at least eight words that he or she finds interesting or difficult. For each section, choose one of these pages for your students to complete. With either assignment, you may want to have students get into pairs to discuss the meanings of the words. Allow students to use reference guides to define the words. Monitor students to make sure the definitions they have found are accurate and relate to how the words are used in the text.

On some of the vocabulary student pages, students are asked to answer text-related questions about the vocabulary words. The following question stems will help you create your own vocabulary questions if you'd like to extend the discussion.

- ¿De qué manera esta palabra describe la personalidad de _____ ?
- ¿De qué manera esta palabra se relaciona con el problema del cuento?
- ¿De qué manera esta palabra te ayuda a comprender el escenario?
- Dime de qué manera esta palabra se relaciona con la idea principal del cuento.
- ¿Qué imágenes te trae a la mente esta palabra?
- ¿Por qué crees que la autora usó esta palabra?

At times, more work with the words will help students understand their meanings. The following quick vocabulary activities are a good way to further study the words.

- Have students practice their vocabulary and writing skills by creating sentences and/or paragraphs in which multiple vocabulary words are used correctly and with evidence of understanding.
- Students can play vocabulary concentration. Students make a set of cards with the words and a separate set of cards with the definitions. Then, students lay the cards out on the table and play concentration. The goal of the game is to match vocabulary words with their definitions.
- Students can create word journal entries about the words. Students choose words they think are important and then describe why they think each word is important within the novel.

How to Use This Literature Guide (cont.)

Analyzing the Literature

After students have read each section, hold small-group or whole-class discussions. Questions are written at two levels of complexity to allow you to decide which questions best meet the needs of your students. The Level 1 questions are typically less abstract than the Level 2 questions. Level 1 is indicated by a square, while Level 2 is indicated by a triangle. These questions focus on the various story elements, such as character, setting, and plot. Student pages are provided if you want to assign these questions for individual student work before your group discussion. Be sure to add further questions as your students discuss what they've read. For each question, a few key points are provided for your reference as you discuss the novel with students.

Reader Response

In today's classrooms, there are often great readers who are below-average writers. So much time and energy is spent in classrooms getting students to read on grade level that little time is left to focus on writing skills. To help teachers include more writing in their daily literacy instruction, each section of this guide has a literature-based reader response prompt. Each of the three genres of writing is used in the reader responses within this guide: narrative, informative/explanatory, and opinion/argument. Students have a choice between two prompts for each reader response. One response requires students to make connections between the reading and their own lives. The other prompt requires students to determine text-to-text connections or connections within the text.

Close Reading the Literature

Within each section, students are asked to closely reread a short section of text. Since some versions of the novels have different page numbers, the selections are described by chapter and location, along with quotations to guide the readers. After each close reading, there are text-dependent questions to be answered by students.

Encourage students to read each question one at a time and then go back to the text and discover the answer. Work with students to ensure that they use the text to determine their answers rather than making unsupported inferences. Once students have answered the questions, discuss what they discovered. Suggested answers are provided in the answer key.

How to Use This Literature Guide (cont.)

Close Reading the Literature (cont.)

The generic, open-ended stems below can be used to write your own text-dependent questions if you would like to give students more practice.

- ¿Qué palabras del cuento respaldan...?
- ¿Qué texto te ayuda a entender...?
- Usa el libro para explicar por qué sucedió...
- Basándote en los sucesos del cuento, ¿...?
- Muéstrame la parte del texto que apoya...
- Usa el texto para explicar por qué...

Making Connections

The activities in this section help students make cross-curricular connections to writing, mathematics, science, social studies, or the fine arts. Each of these types of activities requires higher-order thinking skills from students.

Creating with the Story Elements

It is important to spend time discussing the common story elements in literature. Understanding the characters, setting, and plot can increase students' comprehension and appreciation of the story. If teachers discuss these elements daily, students will more likely internalize the concepts and look for the elements in their independent reading. Another important reason for focusing on the story elements is that students will be better writers if they think about how the stories they read are constructed.

Students are given three options for working with the story elements. They are asked to create something related to the characters, setting, or plot of the novel. Students are given a choice in this activity so that they can decide to complete the activity that most appeals to them. Different multiple intelligences are used so that the activities are diverse and interesting to all students.

How to Use This Literature Guide (cont.)

Culminating Activity

This open-ended, cross-curricular activity requires higher-order thinking and allows for a creative product. Students will enjoy getting the chance to share what they have discovered through reading the novel. Be sure to allow them enough time to complete the activity at school or home.

Comprehension Assessment

The questions in this section are modeled after current standardized tests to help students analyze what they've read and prepare for tests they may see in their classrooms. The questions are dependent on the text and require critical-thinking skills to answer.

Response to Literature

The final post-reading activity is an essay based on the text that also requires further research by students. This is a great way to extend this book into other curricular areas. A suggested rubric is provided for teacher reference.

Correlation to Standards

Shell Education is committed to producing educational materials that are research and standards based. To support this effort, this resource is correlated to the academic standards of all 50 states, the District of Columbia, the Department of Defense Dependent Schools, an d the Canadian provinces. A correlation is also provided for key professional educational organizations.

To print a customized correlation report of this product for your state, visit our website at **www.tcmpub.com/administrators/correlations/** and follow the online directions. If you require assistance in printing correlation reports, please contact the Customer Service Department at 1-800-858-7339.

Standards Overview

The Every Student Succeeds Act (ESSA) mandates that all states adopt challenging academic standards that help students meet the goal of college and career readiness. While many states already adopted academic standards prior to ESSA, the act continues to hold states accountable for detailed and comprehensive standards. Standards are designed to focus instruction and guide adoption of curricula. They define the knowledge, skills, and content students should acquire at each level. Standards are also used to develop standardized tests to evaluate students' academic progress. State standards are used in the development of our resources, so educators can be assured they meet state academic requirements.

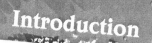

Correlation to Standards (cont.)

Standards Correlation Chart

The lessons in this guide were written to support today's college and career readiness standards. This chart indicates which sections of this guide address which standards.

College and Career Readiness Standard	Section
Read closely to determine what the text says explicitly and to make logical inferences from it; cite specific textual evidence when writing or speaking to support conclusions drawn from the text.	Analyzing the Literature Sections 1–5; Close Reading the Literature Sections 1–5; Making Connections Section 1; Post-Reading Response to Literature
Determine central ideas or themes of a text and analyze their development; summarize the key supporting details and ideas.	Analyzing the Literature Sections 1–5; Reader Response Sections 1–5; Making Connections Sections 2,4; Creating with the Story Elements Sections 1–2; Post-Reading Response to Literature
Analyze how and why individuals, events, or ideas develop and interact over the course of a text.	Analyzing the Literature Sections 1–5; Creating with the Story Elements Sections 1–5
Interpret words and phrases as they are used in a text, including determining technical, connotative, and figurative meanings, and analyze how specific word choices shape meaning or tone.	Vocabulary Sections 1–5
Read and comprehend complex literary and informational texts independently and proficiently.	Entire Unit
Write arguments to support claims in an analysis of substantive topics or texts using valid reasoning and relevant and sufficient evidence.	Analyzing the Literature Sections 1–5; Close Reading the Literature Sections 1–5; Reader Response Sections 2–3, 5
Write informative/explanatory texts to examine and convey complex ideas and information clearly and accurately through the effective selection, organization, and analysis of content.	Reader Response Sections 1–2, 4; Making Connections Section 5; Post-Reading Response to Literature
Write narratives to develop real or imagined experiences or events using effective technique, well-chosen details and well-structured event sequences.	Reader Response Sections 1, 3–5; Creating with the Story Elements Sections 2, 4
Produce clear and coherent writing in which the development, organization, and style are appropriate to task, purpose, and audience.	Reader Response Sections 1–5; Post-Reading Response to Literature
Conduct short as well as more sustained research projects based on focused questions, demonstrating understanding of the subject under investigation.	Analyzing the Literature Sections 1–5; Reader Response Sections 1–5
Draw evidence from literary or informational texts to support analysis, reflection, and research.	Post-Reading Response to Literature

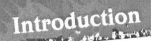

Correlation to Standards (cont.)

Standards Correlation Chart (cont.)

College and Career Readiness Standard	Section
Write routinely over extended time frames (time for research, reflection, and revision) and shorter time frames (a single sitting or a day or two) for a range of tasks, purposes, and audiences.	Reader Response Sections 1–5; Post-Reading Response to Literature
Evaluate a speaker's point of view, reasoning, and use of evidence and rhetoric.	Culminating Activity
Present information, findings, and supporting evidence such that listeners can follow the line of reasoning and the organization, development, and style are appropriate to task, purpose, and audience.	Culminating Activity
Adapt speech to a variety of contexts and communicative tasks, demonstrating command of formal English when indicated or appropriate.	Culminating Activity
Demonstrate command of the conventions of standard English grammar and usage when writing or speaking.	Entire Unit
Demonstrate command of the conventions of standard English capitalization, punctuation, and spelling when writing.	Entire Unit
Apply knowledge of language to understand how language functions in different contexts, to make effective choices for meaning or style, and to comprehend more fully when reading or listening.	Reader Response Sections 1–5; Post-Reading Response to Literature
Determine or clarify the meaning of unknown and multiple-meaning words and phrases by using context clues, analyzing meaningful word parts, and consulting general and specialized reference materials, as appropriate.	Vocabulary Sections 1–5
Demonstrate understanding of figurative language, word relationships, and nuances in word meanings.	Making Connections Section 5
Acquire and use accurately a range of general academic and domain-specific words and phrases sufficient for reading, writing, speaking, and listening at the college and career readiness level; demonstrate independence in gathering vocabulary knowledge when encountering an unknown term important to comprehension or expression.	Vocabulary Sections 1–5

About the Author—Pam Muñoz Ryan

Though a voracious reader and storyteller in her childhood, Pam Muñoz Ryan did not even think about becoming an author until adulthood. Growing up in Bakersfield, California, she spent a lot of time with her family, especially her grandmother. Every day after school, Ryan would walk to her grandmother's house and stay there until her parents got home from work.

Before fifth grade, Ryan moved to the other side of town, which meant she had to attend a new school, and she no longer lived within walking distance of her grandmother. She turned to the nearby library and its books to fill her time. In junior high, she was the editor of the school newspaper, and in high school, she excelled in reading and writing. She knew she wanted a career in literature and decided to become a teacher.

After graduating from San Diego State University, Ryan became a bilingual teacher for Head Start. When she and her husband had children, she decided to quit teaching and stay home. When her children were a bit older, she went back to San Diego State University to pursue her master's degree. It was there that a professor asked her if she had ever considered writing. Within weeks, a colleague also asked Ryan if she would help her write a book. These two events planted a seed in Ryan's mind, and she decided to follow this new dream.

Ryan has written more than 40 books and has received many awards including the National Education Association's Civil and Human Rights Award, the Virginia Hamilton Literary Award for Multicultural Literature, and two Willa Cather Awards. *Esperanza Rising* is one of her most popular and acclaimed works. It is based on the life of Ryan's grandmother, who was also named Esperanza. Like the character in the novel, the real Esperanza grew up very wealthy and lived on a large ranch. After her father's death, she and her family left for the United States, enduring many of the same hardships and joys as the fictional Esperanza.

Ryan lives near San Diego in North County, California, with her husband. She enjoys going to the beach, traveling, reading, and spending time with her four grown children and their families.

Possible Texts for Text Comparisons

Other books authored by Pam Muñoz Ryan could be used as enriching text comparisons. Titles include *Yo, Naomi León*, *Pinta el viento*, and *Un caballo llamado Libertad*. These books have strong female lead characters and have themes of self-discovery.

Book Summary of *Esperanza Rising*

Twelve-year-old Esperanza Ortega leads an idyllic life in 1930s Mexico. Her father owns a large and profitable ranch, her family adores her, and she is surrounded by beautiful dresses and dolls. On the eve of her thirteenth birthday, however, everything changes when bandits kill Esperanza's papa. According to Mexican law, Mama can own the house but not the land; it passes on to Papa's cruel stepbrother, who wants to marry Mama. When she refuses, he burns down the house and threatens more reprisals. Mama and Esperanza escape in the night, leaving behind Esperanza's injured grandmother, Abuelita.

Esperanza and her mother travel to the United States with Alfonso, Papa's friend and boss of the field workers, and his family. Settling at a work camp in the San Joaquin Valley of California, Mama finds a job in the fields, and Esperanza works at the camp. For the first time, Esperanza must do laundry, sweep, and care for children. It is a hard life for her, made even harder when Mama becomes very ill with Valley Fever and must go to the hospital for several months.

Now responsible for making money for her family, Esperanza joins the workers in the fields. She pays for Mama's hospital bills and saves the rest to bring Abuelita back to them. Over time, Esperanza begins to change. Her strong work ethic gets her rehired for each crop's harvest. She renews her friendship with Miguel, Alfonso's son, whom she has known since birth. She even makes new friends—Miguel's young cousin, Isabel, and Marta, an angry young woman who is always trying to organize the workers to strike.

At last, Mama is well enough to come home. Shortly after, Esperanza and Miguel have a horrible fight, and he is gone the next morning with all of the money she had been saving. She is furious at first, but he returns days later with Abuelita. Overcome with joy at being surrounded by family and friends, Esperanza realizes she has everything she needs.

Cross-Curricular Connection

This book could be used in a social studies unit on immigration or the Dust Bowl, a science unit on growing fruits and vegetables, or a unit on the Spanish language and Mexican culture.

Possible Texts for Text Sets

- Hengel, Katherine. 2014. *Garden to Table: A Kid's Guide to Planting, Growing, and Preparing Food*. Minneapolis: Mighty Media Junior Readers.
- Hesse, Karen. 2009. *Out of the Dust*. Wilmington: Great Source.
- Jiménez, Francisco. 1997. *The Circuit: Stories from the Life of a Migrant Child*. Albuquerque: University of New Mexico Press.
- Perez, Amada Irma. 2009. *My Diary from Here to There*. New York: Lee and Low Books, Inc.

Prelectura: pensamientos sobre el tema

Instrucciones: Lee cada una de las afirmaciones de la primera columna. Determina si estás de acuerdo o no con las afirmaciones. Registra tu opinión marcando una *X* en De acuerdo o En desacuerdo para cada afirmación. Explica tus respuestas en la cuarta columna. No hay respuestas correctas o incorrectas.

Afirmación	De acuerdo	En desacuerdo	Explica tu respuesta
Si algo es injusto, debemos luchar por cambiarlo.			
Las personas pobres y las personas ricas no deberían ser amigas.			
Pasar por tiempos difíciles hace que una persona sea más fuerte.			
Volver a empezar es demasiado difícil y no vale la pena.			

Teacher Plans

Vocabulary Overview

Ten key words from this section are provided below with definitions and sentences about how the words are used in the book. Choose one of the vocabulary activity sheets (pages 15 or 16) for students to complete as they read this section. Monitor students as they work to ensure the definitions they have found are accurate and relate to the text. Finally, discuss these important vocabulary words with students. If you think these words or other words in the section warrant more time devoted to them, there are suggestions in the introduction for other vocabulary activities (page 5).

Palabra	Definición	Oración sobre el texto
intranquilidad (c. 1)	sentimiento de nerviosismo y preocupación	Un sentimiento de **intranquilidad** invade a Esperanza cuando ve que Papá no llega.
caprichos (c. 1)	comportamientos extravagantes u originales que se hacen por antojo o por humor	Esperanza quiere a su abuelita por sus **caprichos**, como andar descalza leyendo poemas a los pájaros.
convencionalismos (c. 1)	normas o formas de conducta que se siguen por ser costumbre	Abuelita tiene un aspecto muy distinguido y se apega a los **convencionalismos** sociales.
resucitar (c. 1)	restablecer, renovar	Papá y Alfonso trabajan para **resucitar** la rosaleda abandonada del rancho.
indignación (c. 2)	enojo fuerte contra una persona o contra sus actos	Mamá y Abuelita sienten **indignación** cuando el tío Luis lleva la hebilla de papá.
pretenciosa (c. 2)	que pretende pasar o hacer pasar algo por muy elegante o lujoso	El tío Luis puede construir una casa más grande y más **pretenciosa** en otro sitio.
inundaba (c. 2)	llenaba un lugar determinado	La fragrancia dulce de papayas demasiado maduras **inundaba** el aire.
influencia (c. 3)	el poder de alguien para con otras personas	La **influencia** de Luis llega muy lejos, así que se tienen que marchar.
visa (c. 3)	la validez que se le da a un pasaporte, normalmente para ingresar a otro país	Mamá sabe que a Estados Unidos no se puede entrar sin **visa**.
venia (c. 3)	inclinación que se hace con la cabeza; permiso para hacer algo	Mamá asiente con la cabeza, casi haciendo una **venia**.

Nombre _____

Fecha _____

Comprensión de las palabras del vocabulario

Instrucciones: Las siguientes palabras aparecen en esta sección del libro. Utiliza claves del contexto y material de referencia para determinar una definición precisa de cada palabra.

Palabra	Definición
intranquilidad (c. 1)	
caprichos (c. 1)	
convencionalismos (c. 1)	
resucitar (c. 1)	
indignación (c. 2)	
pretenciosa (c. 2)	
inundaba (c. 2)	
influencia (c. 3)	
visa (c. 3)	
venia (c. 3)	

Nombre _____

Fecha _____

Actividad de vocabulario durante la lectura

Instrucciones: Mientras lees estos capítulos, anota al menos ocho palabras importantes en los renglones. Intenta hallar palabras que sean interesantes, difíciles, intrigantes, especiales o graciosas. Tus palabras pueden ser largas o cortas. Pueden ser difíciles o fáciles de deletrear. Después de cada palabra, defínela utilizando claves del contexto en el libro y material de referencia.

- _____
- _____
- _____
- _____
- _____
- _____
- _____
- _____
- _____

Instrucciones: Responde las preguntas sobre las palabras de esta sección.

1. ¿Qué ejemplo se da para ilustrar los **caprichos** de Abuelita?

_____

_____

2. ¿Cómo afecta a Mamá la **influencia** del tío Luis?

_____

_____

Analyzing the Literature

Provided below are discussion questions you can use in small groups, with the whole class, or for written assignments. Each question is given at two levels so you can choose the right question for each group of students. Activity sheets with these questions are provided (pages 18–19) if you want students to write their responses. For each question, a few key discussion points are provided for your reference.

Story Element	■ Level 1	▲ Level 2	Key Discussion Points
Setting	¿Por qué se preocupan Esperanza y Mamá por los bandidos cuando Papá sale a trabajar?	¿Por qué es importante para el cuento el escenario pos-Revolución mexicana?	The story is set in 1930, 10 years after the revolution. Many poor Mexicans are still angry with large landowners like Papa. These groups of "bandits" travel around, looking to rob and even kill any wealthy ranchers they find.
Character	Compara la relación entre Esperanza y Miguel durante su niñez con la de ahora.	¿Por qué cambia la relación entre Esperanza y Miguel con respecto a cuando eran chicos?	As children, Esperanza and Miguel were very close and played together. When they are older, they barely talk and Miguel addresses her as "my queen." Their relationship changes when Esperanza realizes she is a wealthy rancher's daughter, and Miguel is a servant. She tells him they stand on different sides of a deep river.
Plot	¿Qué descubren Mamá y Esperanza sobre el testamento de Papá?	¿Por qué el testamento de Papá motiva al tío Luis a proponerle matrimonio a Mamá?	Papa's will leaves the house and vineyard to Mama. But it leaves the land to the banker, Tío Luis, because women do not customarily own land. Tío Luis proposes to Mama so he can have it all, including the respect and reputation of Mama. He wants to enter politics and feels being married to her will help his career.
Plot	¿Por qué se marchan a Estados Unidos Alfonso y su familia?	¿Por qué piensa Alfonso que marcharse a Estados Unidos será mejor que quedarse en México?	Alfonso has family in the United States that can help them find housing and jobs. He knows he and his family will always be servants in Mexico, no matter how hard they work. Tío Luis will not treat them with any kindness or respect, so Alfonso will not stay at the ranch to work for him.

Nombre _____

Fecha _____

Análisis de la literatura

Instrucciones: Piensa sobre la sección que acabas de leer. Lee cada pregunta y expón tu respuesta con pruebas del texto.

1. ¿Por qué se preocupan Esperanza y Mamá por los bandidos cuando Papá sale a trabajar?

   _____

   _____

   _____

   _____

2. Compara la relación entre Esperanza y Miguel durante su niñez con la de ahora.

   _____

   _____

   _____

   _____

3. ¿Qué descubren Mamá y Esperanza sobre el testamento de Papá?

   _____

   _____

   _____

4. ¿Por qué se marchan a Estados Unidos Alfonso y su familia?

   _____

   _____

   _____

▲ Análisis de la literatura

Instrucciones: Piensa sobre la sección que acabas de leer. Lee cada pregunta y expón tu respuesta con pruebas del texto.

1. ¿Por qué es importante para el cuento el escenario pos-Revolución mexicana?

_____

_____

_____

_____

2. ¿Por qué cambia la relación entre Esperanza y Miguel con respecto a cuando eran chicos?

_____

_____

_____

_____

3. ¿Por qué el testamento de Papá motiva al tío Luis a proponerle matrimonio a Mamá?

_____

_____

_____

_____

4. ¿Por qué piensa Alfonso que marcharse a Estados Unidos será mejor que quedarse en México?

_____

_____

_____

Nombre _____

Fecha _____

Reflexión del lector

Instrucciones: Elige y contesta uno de los siguientes temas sobre esta sección. Asegúrate de incluir una oración temática, de utilizar pruebas del texto para respaldar tu opinión y de proveer una conclusión sólida que resuma tu opinión.

Temas de escritura

- **Escrito narrativo:** Esperanza se entusiasma por las tradiciones de su cumpleaños: la fiesta, la serenata y los regalos. ¿Qué tradiciones de tu familia esperas con ansias?
- **Escrito informativo/explicativo:** Tanto Esperanza como Miguel dicen que en México están en orillas opuestas del río. ¿Qué significa? ¿Piensas que será diferente en Estados Unidos?

_____

_____

_____

_____

_____

_____

_____

_____

_____

_____

_____

_____

_____

_____

Lectura enfocada de la literatura

Instrucciones: Vuelve a leer con atención la sección del capítulo 3. Empieza con: "Todos se juntaron en la pequeña habitación de Hortensia y Alfonso". Detente en: "Y por primera vez desde que Papá murió, todos rieron". Lee cada pregunta a continuación y vuelve al texto para hallar pruebas que respalden tu respuesta.

1. Según Alfonso, ¿por qué les sería difícil a Mamá y a Esperanza quedarse en México?

   _____

   _____

   _____

2. ¿Por qué debe mantenerse en secreto el plan de Mamá? Utiliza el texto para respaldar tu respuesta.

   _____

   _____

   _____

3. Explica el propósito de la oración "No temas empezar de nuevo". En tu respuesta, básate en la historia de la niñez de Abuelita.

   _____

   _____

   _____

4. Utiliza detalles del texto para describir qué piensa Esperanza sobre marcharse.

   _____

   _____

   _____

Nombre _____

Fecha _____

Participa en el tema: las supersticiones

Instrucciones: Una superstición es algo que la gente cree aunque no haya un motivo lógico y no tenga mucho sentido. Un ejemplo es pensar que es de mala suerte abrir un paraguas dentro de la casa. Piensa en supersticiones y completa cada columna. Luego, responde las preguntas de abajo.

Mala suerte	Buena suerte
• _____	• _____
• _____	• _____
• _____	• _____

1. ¿Qué superstición de mala suerte le sucede a Esperanza en el libro?

_____

2. ¿Por qué piensas que las personas creen en supersticiones?

_____

3. ¿Crees en algunas supersticiones? Explícalo.

_____

Exprésate con los elementos del texto

Instrucciones: Para comprender qué sucede en una novela y por qué, es muy importante pensar en los elementos del texto de personaje, escenario y trama. Completa **una** de las siguientes actividades basándote en lo que has leído hasta ahora. ¡Sé creativo y diviértete!

Personajes

Crea una red de personaje para Esperanza, Mamá o Abuelita. Enumera al menos tres rasgos de personalidad para la persona que elegiste y da un ejemplo del libro que respalde cada rasgo.

Escenario

Traza un mapa de El Rancho de las Rosas. Incluye la casa de Esperanza, los cuarteles de los empleados, la rosaleda, el viñedo y el campo.

Trama

Haz un diagrama de flujo con al menos cinco acontecimientos importantes que han sucedido hasta ahora en el cuento. Para cada acontecimiento debes incluir una cita del texto que lo describa.

Vocabulary Overview

Ten key words from this section are provided below with definitions and sentences about how the words are used in the book. Choose one of the vocabulary activity sheets (pages 25 or 26) for students to complete as they read this section. Monitor students as they work to ensure the definitions they have found are accurate and relate to the text. Finally, discuss these important vocabulary words with students. If you think these words or other words in the section warrant more time devoted to them, there are suggestions in the introduction for other vocabulary activities (page 5).

Palabra	Definición	Oración sobre el texto
renegados (c. 4)	personas que traicionan sus creencias	Hortensia cuenta la historia espeluznante de cuando los **renegados** entraron a la casa a robarles.
hipnotizado (c. 4)	fascinado al punto de no poder apartar la mirada	Miguel, emocionado, se queda como **hipnotizado** al ver llegar la locomotora.
privilegiados (c. 4)	que están en una situación especial	Los pasajeros sonríen al ver al padre generoso con sus dos hijos **privilegiados**.
ondulada (c. 4)	que tiene forma de ondas en su superficie	Esperanza ve la tierra **ondulada** desfilar ante sus ojos.
desaprobación (c. 4)	la acción de no aprobar algo	Esperanza quiere olvidar la **desaprobación** de Mamá.
interminable (c. 4)	que no tiene fin	Las horas parecían el **interminable** ovillo de hilo de Mamá.
actitud (c. 5)	el estado de ánimo y comportamiento hacia los demás	La **actitud** de Mamá cambia cuando habla con el funcionario de inmigración.
sujetaba (c. 5)	contenía con fuerza	Sentía que nada la **sujetaba** y le entró miedo.
entrecortada (c. 5)	interrumpida; que se detiene y sigue	En medio del silencio se oye la respiración **entrecortada** de Esperanza.
cavilando (c. 5)	pensando con intención o profundidad en algo	Esperanza sigue **cavilando** mientras avanza la camioneta.

Comprensión de las palabras del vocabulario

Instrucciones: Las siguientes palabras aparecen en esta sección del libro. Utiliza claves del contexto y material de referencia para determinar una definición precisa de cada palabra.

Palabra	Definición
renegados (c. 4)	
hipnotizado (c. 4)	
privilegiados (c. 4)	
ondulada (c. 4)	
desaprobación (c. 4)	
interminable (c. 4)	
actitud (c. 5)	
sujetaba (c. 5)	
entrecortada (c. 5)	
cavilando (c. 5)	

Nombre _____

Fecha _____

Actividad de vocabulario durante la lectura

Instrucciones: Mientras lees estos capítulos, anota al menos ocho palabras importantes en los renglones. Intenta hallar palabras que sean interesantes, difíciles, intrigantes, especiales o graciosas. Tus palabras pueden ser largas o cortas. Pueden ser difíciles o fáciles de deletrear. Después de cada palabra, defínela utilizando claves del contexto en el libro y material de referencia.

- _____
- _____
- _____
- _____
- _____
- _____
- _____
- _____

Instrucciones: Responde las preguntas sobre las palabras de esta sección.

1. ¿Por qué pensaría la gente que los niños eran **privilegiados**?

_____

2. ¿Qué causa que la **actitud** de Mamá cambie cuando habla con el funcionario de inmigración?

_____

Analyzing the Literature

Provided below are discussion questions you can use in small groups, with the whole class, or for written assignments. Each question is given at two levels so you can choose the right question for each group of students. Activity sheets with these questions are provided (pages 28–29) if you want students to write their responses. For each question, a few key discussion points are provided for your reference.

Story Element	■ Level 1	▲ Level 2	Key Discussion Points
Plot	¿Cómo se escapan Esperanza y Mamá del tío Luis?	¿Por qué tienen que ocultar Esperanza y Mamá su escape del tío Luis?	They escape to Señor Rodríguez's at night. He hides Esperanza and Mama in a secret space in the wagon and covers them with guavas. Alfonso drives the wagon to the train station. The escape must be secretive because Mama knows Tío Luis will be furious and will try to stop them from leaving.
Character	¿Cómo se diferencia la manera en la que reaccionan Esperanza y Mamá ante la niña en el tren?	¿Qué demuestran las distintas reacciones de Esperanza y de Mamá hacia la niña en el tren sobre sus caracteres?	Esperanza jerks the doll away from the little girl and hides it in her valise. Mama apologizes to the girl's mother and makes the child a yarn doll. These reactions show Esperanza still thinks she is better than others because she was rich; Mama is showing kindness and realizes their lives are different now.
Setting	¿Qué cosas le parecen conocidas a Esperanza cuando llegan a California?	¿Qué diferencias nota Esperanza entre el paisaje de México y el de California?	The fields of crops are familiar to Esperanza, as are the roses and nearby orange grove. She notices the differing altitudes in California as they drive through the mountains and valley. In the valley, she feels dizzy because instead of the gently rolling land of Mexico, it is completely flat with repeating rows of grapes.
Character	¿Por qué a Esperanza no le gusta Marta?	Contrasta el trato de Marta e Isabel hacia Esperanza.	Marta is rude to Esperanza, telling her Papa was bad because of his wealth and Marta's father had died fighting men like him in the revolution. She also smiles at Miguel, making Esperanza jealous, and makes fun of Esperanza for going from "princess" to "peasant." Isabel is fascinated by Esperanza, is kind to her, and sticks up for her when Marta is mean.

Nombre _____

Fecha _____

Análisis de la literatura

Instrucciones: Piensa sobre la sección que acabas de leer. Lee cada pregunta y expón tu respuesta con pruebas del texto.

1. ¿Cómo se escapan Esperanza y Mamá del tío Luis?

_____

_____

_____

_____

2. ¿Cómo se diferencia la manera en la que reaccionan Esperanza y Mamá ante la niña en el tren?

_____

_____

_____

_____

3. ¿Qué cosas le parecen conocidas a Esperanza cuando llegan a California?

_____

_____

_____

_____

4. ¿Por qué a Esperanza no le gusta Marta?

_____

_____

_____

_____

▲ Análisis de la literatura

Instrucciones: Piensa sobre la sección que acabas de leer. Lee cada pregunta y expón tu respuesta con pruebas del texto.

1. ¿Por qué tienen que ocultar Esperanza y Mamá su escape del tío Luis?

   _____

   _____

   _____

2. ¿Qué demuestran las distintas reacciones de Esperanza y de Mamá hacia la niña en el tren sobre sus caracteres?

   _____

   _____

   _____

3. ¿Qué diferencias nota Esperanza entre el paisaje de México y el de California?

   _____

   _____

   _____

4. Contrasta el trato de Marta e Isabel hacia Esperanza.

   _____

   _____

   _____

Nombre _____

Fecha _____

Reflexión del lector

Instrucciones: Elige y contesta uno de los siguientes temas sobre esta sección. Asegúrate de incluir una oración temática, de utilizar pruebas del texto para respaldar tu opinión y de proveer una conclusión sólida que resuma tu opinión.

Temas de escritura

- **Escrito informativo/explicativo:** ¿Con qué problemas crees que se encontrará Esperanza en su nueva vida? ¿Qué consejos le darías para cuando se establezca en Estados Unidos?
- **Escrito de opinión/argumento:** ¿Crees que Mamá y Esperanza deberían haberse quedado en México, o hicieron bien en mudarse a Estados Unidos? Incluye ejemplos que respalden tu opinión.

_____

_____

_____

_____

_____

_____

_____

_____

_____

_____

_____

_____

Nombre _____

Fecha _____

Lectura enfocada de la literatura

Instrucciones: Vuelve a leer con atención la sección del capítulo 4 cuando Esperanza conoce a Carmen, la señora de las gallinas. Empieza con: "Llevaban cuatro días y cuatro noches en el tren". Detente cuando Miguel dice: "Los ricos se preocupan de los ricos y los pobres se preocupan de aquellos que tienen menos que ellos mismos". Lee cada pregunta a continuación y vuelve al texto para hallar pruebas que respalden tu respuesta.

1. ¿Por qué incluye la autora a Carmen, si no es un personaje principal? Utiliza el texto para respaldar tu respuesta.

   _____

   _____

   _____

2. Da dos ejemplos de esta sección para mostrar que Carmen es generosa.

   _____

   _____

   _____

3. ¿Por qué se sorprende tanto Esperanza ante el trato de Mamá hacia Carmen? Utiliza pruebas textuales en tu respuesta.

   _____

   _____

   _____

4. Utiliza las acciones de Carmen para ilustrar lo que quiere decir Miguel cuando dice: "Los ricos se preocupan por los ricos y los pobres se preocupan de aquellos que tienen menos que ellos mismos".

   _____

   _____

   _____

Nombre _____

Fecha _____

Participa en el tema: haz un muñeco de hilo

Instrucciones: ¡Puedes hacer un muñeco de hilo así como el que hace Mamá! Sigue estas instrucciones para hacer un nuevo amigo para ti o para alguien más.

Materiales

- varias yardas de hilo
- 4 a 6 trozos de hilo de seis pulgadas
- un libro o un estuche de DVD
- tijeras

Paso 1a: Da una vuelta alrededor del libro con el hilo de manera vertical.

Paso 1b: Después de la primera vuelta, haz un nudo (pero no lo cortes).

Paso 1c: Sigue dando vueltas de 50 a 75 veces. Después de la última vuelta, ata el hilo que queda a una de las vueltas y córtalo.

Paso 2: Desliza un trozo de hilo entre las vueltas y el libro. Hazle un nudo para juntar todas las vueltas. Remueve el hilo del libro.

Paso 3a: Toma 4 trozos cortos de hilo. Ata uno donde va el cuello.

Paso 3b: Saca de 8 a 12 trozos de hilo de cada lado para formar los brazos.

Paso 3c: Ata trozos de hilo en las muñecas y corta las puntas. Ata otro trozo corto de hilo en donde va la cintura.

Paso 4a: Para que sea niño, divide el hilo en dos piernas. Ata pedazos de hilo en los tobillos y corta las vueltas de hilo en la parte de abajo.

Paso 4b: Para que sea niña, la parte de abajo se puede dejar como está para formar una falda. También se pueden cortar las vueltas para crear flecos.

Nombre _____

Fecha _____

Exprésate con los elementos del texto

Instrucciones: Para comprender qué sucede en una novela y por qué, es muy importante pensar en los elementos del texto de personaje, escenario y trama. Completa **una** de las siguientes actividades basándote en lo que has leído hasta ahora. ¡Sé creativo y diviértete!

Personajes

Las acciones y la apariencia de Mamá parecen haber cambiado desde la muerte de Papá. Haz un diagrama de Venn con al menos 3 rasgos de personalidad que la describan tanto antes como después de la muerte de Papá. El centro debe mostrar al menos dos maneras en las que sigue siendo la misma.

Escenario

Crea un mapa para mostrar la ruta que toma Esperanza para llegar a Estados Unidos. Utiliza un mapa de verdad como ayuda para hallar las ubicaciones de los distintos lugares.

Trama

Esperanza tiene que marcharse de su hogar sin despedirse de Marisol. Escribe una carta de Esperanza dirigida a su mejor amiga que explique lo que ha sucedido y cómo se siente Esperanza.

Teacher Plans

Vocabulary Overview

Ten key words from this section are provided below with definitions and sentences about how the words are used in the book. Choose one of the vocabulary activity sheets (pages 35 or 36) for students to complete as they read this section. Monitor students as they work to ensure the definitions they have found are accurate and relate to the text. Finally, discuss these important vocabulary words with students. If you think these words or other words in the section warrant more time devoted to them, there are suggestions in the introduction for other vocabulary activities (page 5).

Palabra	Definición	Oración sobre el texto
lozanas (c. 6)	vigorosas y frondosas	Esperanza ve viñas todavía **lozanas**.
desperdicios (c. 6)	residuos de lo que no se puede usar	Un camión de carga pasa dejando una nube de **desperdicios**.
cautelosamente (c. 6)	de manera precavida	Esperanza saca el pañal del agua **cautelosamente**.
melancólica (c. 6)	triste, que no puede expresar gusto ni diversión	Con voz **melancólica**, Esperanza agradece a Miguel por enseñarle a barrer.
acostumbradas (c. 7)	que tienen ciertas maneras de actuar o comportarse	Hortensia dice que están **acostumbradas** a hacer las cosas de una determinada manera.
extravagantes (c. 7)	de forma excesivamente peculiar	Esperanza le cuenta a Isabel sobre las fiestas **extravagantes** de su antigua vida.
atroz (c. 8)	pésimo, muy desagradable	El pañal de Lupe huele **atroz**.
impulsarse (c. 8)	darse empuje para moverse solo	El polvo continúa haciendo remolinos como si pudiera **impulsarse** solo.
esporas (c. 8)	ciertas células de plantas o de bacterias	La enfermedad de Mamá es causada por **esporas** que hay en el polvo.
contagioso (c. 8)	que se transmite de una persona a otra	Josefina se tranquiliza al saber que la enfermedad de Mamá no es **contagiosa**.

Comprensión de las palabras del vocabulario

Instrucciones: Las siguientes palabras aparecen en esta sección del libro. Utiliza claves del contexto y material de referencia para determinar una definición precisa de cada palabra.

Palabra	Definición
lozanas (c. 6)	
desperdicios (c. 6)	
cautelosamente (c. 6)	
melancólica (c. 6)	
acostumbradas (c. 7)	
extravagantes (c. 7)	
atroz (c. 8)	
impulsarse (c. 8)	
esporas (c. 8)	
contagioso (c. 8)	

Nombre _____

Fecha _____

Actividad de vocabulario durante la lectura

Instrucciones: Mientras lees estos capítulos, anota al menos ocho palabras importantes en los renglones. Intenta hallar palabras que sean interesantes, difíciles, intrigantes, especiales o graciosas. Tus palabras pueden ser largas o cortas. Pueden ser difíciles o fáciles de deletrear. Después de cada palabra, defínela utilizando claves del contexto en el libro y material de referencia.

- _____

- _____

- _____

- _____

- _____

- _____

- _____

- _____

- _____

Instrucciones: Ahora, organiza tus palabras. Reescribe cada una de tus palabras en una nota adhesiva. Trabaja en equipo para crear una gráfica de barras de las palabras. Apilen las palabras que son iguales una encima de otra. Las palabras distintas van en columnas distintas. Por último, comenta con tus compañeros sobre por qué ciertas palabras se escogieron más que otras.

Analyzing the Literature

Provided below are discussion questions you can use in small groups, with the whole class, or for written assignments. Each question is given at two levels so you can choose the right question for each group of students. Activity sheets with these questions are provided (pages 38–39) if you want students to write their responses. For each question, a few key discussion points are provided for your reference.

Story Element	■ Level 1	▲ Level 2	Key Discussion Points
Character	¿Cómo reacciona Esperanza cuando conoce a Silvia, la amiga de Isabel?	¿Cómo muestra la interacción entre Esperanza y Silvia, la amiga de Isabel, que Esperanza está cambiando?	Esperanza's first reaction is to pull away because Silvia is very dirty. But she remembers her rudeness to the girl on the train and how it disappointed Mama. So she is kind and thinks to herself that it must be difficult to stay clean at the dusty camp. This shows she is gaining empathy and thinking of others' feelings.
Setting	¿Cuál es la sorpresa que Miguel y Alfonso tienen para Esperanza y Mamá?	¿Por qué es tan importante el regalo de Miguel y Alfonso para Esperanza y Mamá?	Miguel and Alfonso bring rose clippings from the garden at El Rancho de las Rosas and plant them at their new home. The roses are important because they are from Mexico and were Papa's. Mama says she knew Papa's heart would find them anywhere.
Plot	Describe el primer día en el que Esperanza cuida sola a los gemelos.	¿Cómo muestra Esperanza que es fuerte en su primer día sola con los gemelos?	Esperanza's day is very hard. She feeds the twins plums that upset their stomachs, and they have dirty diapers all afternoon; she also burns the beans for dinner. She is strong because she works through it all, cleaning the diapers, adding water to the beans, and making rice water for the twins' upset stomachs.
Plot	Según el médico, ¿cómo contrajo Mamá la fiebre del valle?	¿Por qué crees que Mamá contrae la fiebre del valle pero nadie más la contrae?	Mama got Valley Fever during the dust storm. Dust spores got into her lungs, and they caused an infection. Mama got Valley Fever because she has not been in the valley as long as some of the others; she is weaker than the others because she has never worked.

Nombre _____ _____

Fecha _____ _____

Análisis de la literatura

Instrucciones: Piensa sobre la sección que acabas de leer. Lee cada pregunta y expón tu respuesta con pruebas del texto.

1. ¿Cómo reacciona Esperanza cuando conoce a Silvia, la amiga de Isabel?

   _____

   _____

   _____

   _____

2. ¿Cuál es la sorpresa que Miguel y Alfonso tienen para Esperanza y Mamá?

   _____

   _____

   _____

   _____

3. Describe el primer día en el que Esperanza cuida sola a los gemelos.

   _____

   _____

   _____

   _____

4. Según el médico, ¿cómo contrajo Mamá la fiebre del valle?

   _____

   _____

   _____

   _____

▲ Análisis de la literatura

Instrucciones: Piensa sobre la sección que acabas de leer. Lee cada pregunta y expón tu respuesta con pruebas del texto.

1. ¿Cómo muestra la interacción entre Esperanza y Silvia, la amiga de Isabel, que Esperanza está cambiando?

   _____

   _____

   _____

   _____

2. ¿Por qué es tan importante el regalo de Miguel y Alfonso para Esperanza y Mamá?

   _____

   _____

   _____

   _____

3. ¿Cómo muestra Esperanza que es fuerte en su primer día sola con los gemelos?

   _____

   _____

   _____

   _____

4. ¿Por qué crees que Mamá contrae la fiebre del valle pero nadie más la contrae?

   _____

   _____

   _____

Nombre _____

Fecha _____

Reflexión del lector

Instrucciones: Elige y contesta uno de los siguientes temas sobre esta sección. Asegúrate de incluir una oración temática, de utilizar pruebas del texto para respaldar tu opinión y de proveer una conclusión sólida que resuma tu opinión.

Temas de escritura

- **Escrito de opinión/argumento:** Mamá le dice a Esperanza que ser feliz es una decisión y anima a Esperanza a que decida ser feliz. ¿Estás de acuerdo con Mamá? Utiliza ejemplos del texto para respaldar tu opinión.

- **Escrito narrativo:** Después del primer día de trabajo, Mamá tiene los músculos cansados y adoloridos. Esperanza se siente avergonzada e incompetente; a ella le dolía el orgullo. Escribe sobre alguna vez en la que te hayas sentido como Mamá o como Esperanza.

_____

_____

_____

_____

_____

_____

_____

_____

_____

_____

_____

_____

Lectura enfocada de la literatura

Instrucciones: Vuelve a leer con atención la parte del capítulo 7 cuando Esperanza está en la "jamaica". Empieza con: "La tarima estaba iluminada con focos potentes". Detente en: "¿Tendrían que volver a México?". Lee cada pregunta a continuación y vuelve al texto para hallar pruebas que respalden tu respuesta.

1. ¿Cómo se siente Esperanza cuando llega a la "jamaica"? Utiliza el texto para respaldar tu respuesta.

   _____

   _____

   _____

2. Según el texto, ¿por qué quiere Marta que los trabajadores vayan a la huelga?

   _____

   _____

   _____

3. Utiliza el texto para explicar por qué el hombre que le contesta a Marta no quiere ir a la huelga.

   _____

   _____

   _____

4. Según este pasaje, ¿qué piensa Josefina con respecto a ir a la huelga?

   _____

   _____

   _____

Nombre _____

Fecha _____

Participa en el tema: ¿Ir a la huelga?

Instrucciones: ¿Crees que los trabajadores deberían ir a la huelga? En el espacio de abajo, diseña un afiche que muestre tu opinión. Tu afiche debe incluir dos razones que respalden lo que opinas. Asegúrate de que sea colorido y de que llame la atención.

Nombre _____

Fecha _____

Exprésate con los elementos del texto

Instrucciones: Para comprender qué sucede en una novela y por qué, es muy importante pensar en los elementos del texto de personaje, escenario y trama. Completa **una** de las siguientes actividades basándote en lo que has leído hasta ahora. ¡Sé creativo y diviértete!

Personajes

Divide una hoja de papel en tres secciones. En cada una, haz un boceto sencillo que muestre una manera en la cual Miguel haya mostrado amabilidad hacia Esperanza. Escribe una descripción para explicar cada dibujo.

Escenario

Crea una invitación para la "jamaica". Asegúrate de incluir dónde y cuándo se realizará, así como las actividades que habrá.

Trama

Por primera vez, Esperanza tiene que trabajar en la casa y en el campamento. Haz una gráfica de sus tareas para ayudarla a llevar un registro de sus múltiples responsabilidades.

Vocabulary Overview

Ten key words from this section are provided below with definitions and sentences about how the words are used in the book. Choose one of the vocabulary activity sheets (pages 45 or 46) for students to complete as they read this section. Monitor students as they work to ensure the definitions they have found are accurate and relate to the text. Finally, discuss these important vocabulary words with students. If you think these words or other words in the section warrant more time devoted to them, there are suggestions in the introduction for other vocabulary activities (page 5).

Palabra	Definición	Oración sobre el texto
entrelazados (c. 9)	que sus partes están cruzadas o unidas	Esperanza ve los cabellos de Abuelita **entrelazados** en el tejido y sabe que sus buenos deseos están con ellas.
desvalida (c. 9)	sin ayuda	Hortensia habla de lo **desvalida** que se debe sentir Mamá después de todo lo sucedido.
asintió (c. 9)	reconoció (moviendo la cabeza) como cierto lo dicho	Esperanza **asintió** cuando Miguel le explicó cómo funcionaba el trabajo.
repatriación (c. 9)	devolución de algo o de alguien a su lugar de origen	A los trabajadores en huelga los pueden enviar a México debido a la **repatriación**.
glicerina (c. 10)	un líquido incoloro que se usa en unas medicinas	Hortensia aplasta el aguacate y añade un poco de **glicerina**.
elasticidad (c. 10)	blandura; sin dureza	A Esperanza le encanta sentir la **elasticidad** de las manos de Mamá.
vulnerable (c. 10)	que puede recibir un daño o ser herido	La fiebre del valle hace que el cuerpo de Mamá sea más **vulnerable** a otras infecciones.
miseria (c. 10)	pobreza extrema	Marta y su madre no parecen avergonzarse por la **miseria** del campamento.
recuperación (c. 10)	estado de normalidad después de haber estado en una situación difícil	Esperanza quiere evitar cualquier amenaza para la **recuperación** de Mamá.
animada (c. 10)	llena de entusiasmo	Miguel tiene la cara **animada** mientras platica de su empleo en el ferrocarril.

Comprensión de las palabras del vocabulario

Instrucciones: Las siguientes palabras aparecen en esta sección del libro. Utiliza claves del contexto y material de referencia para determinar una definición precisa de cada palabra.

Palabra	Definición
entrelazados (c. 9)	
desvalida (c. 9)	
asintió (c. 9)	
repatriación (c. 9)	
glicerina (c. 10)	
elasticidad (c. 10)	
vulnerable (c. 10)	
miseria (c. 10)	
recuperación (c. 10)	
animada (c. 10)	

Nombre _____

Fecha _____

Actividad de vocabulario durante la lectura

Instrucciones: Mientras lees estos capítulos, anota al menos ocho palabras importantes en los renglones. Intenta hallar palabras que sean interesantes, difíciles, intrigantes, especiales o graciosas. Tus palabras pueden ser largas o cortas. Pueden ser difíciles o fáciles de deletrear. Después de cada palabra, defínela utilizando claves del contexto en el libro y material de referencia.

- _____
- _____
- _____
- _____
- _____
- _____
- _____
- _____
- _____
- _____

Instrucciones: Responde las preguntas sobre las palabras de esta sección.

1. ¿Por qué a algunas personas se les hace pasar por el proceso de **repatriación**?

   _____

   _____

2. ¿Por qué tiene la cara tan **animada** Miguel durante su conversación?

   _____

   _____

Analyzing the Literature

Provided below are discussion questions you can use in small groups, with the whole class, or for written assignments. Each question is given at two levels so you can choose the right question for each group of students. Activity sheets with these questions are provided (pages 48–49) if you want students to write their responses. For each question, a few key discussion points are provided for your reference.

Story Element	■ Level 1	▲ Level 2	Key Discussion Points
Character	¿Por qué está deprimida Mamá?	¿En qué afecta la depresión de Mamá a su salud?	Mama is depressed because Papa died, and she and Esperanza had to leave their home and Abuelita behind. Her depression is making it hard for her body to fight off the Valley Fever. She is strong for Esperanza at first, but she has no strength left now to get better.
Plot	¿Por qué se altera Esperanza al enterarse de que cortar ojos de papas solo dura tres semanas?	¿Cómo convence Miguel a Esperanza de que cortar ojos de papas es buena idea?	She is upset because she needs to work much longer than three weeks to earn enough money to pay for Mama's hospital bills and to bring Abuelita from Mexico. Miguel tells her if she does well at this job, they will hire her to tie grapes; if she does well at that, they will hire her for asparagus. One job leads to another.
Character	¿Por qué les da Esperanza la piñata a los niños del campamento de Marta?	¿Qué hace Esperanza en el campamento de Marta que muestra que está cambiando?	She gives the children the *piñata* because they have nothing, and she wants to be kind. Filling the man's hat with beans and giving away the *piñata* show that she is changing. She is not thinking only of herself and her hardships; she is sympathetic to others and wants to help.
Plot	¿Qué información comparte Marta sobre la huelga venidera?	¿Por qué Marta le da noticias a Esperanza sobre la huelga venidera?	Marta tells Esperanza that the strikers are organized and are planning to strike in a few weeks. She tells Esperanza as a gesture of friendship. Marta warns that the strikers will shut everything down, and Esperanza must be careful if she chooses to work instead of join the strikers because they will be angry.

Nombre _____

Fecha _____

Análisis de la literatura

Instrucciones: Piensa sobre la sección que acabas de leer. Lee cada pregunta y expón tu respuesta con pruebas del texto.

1. ¿Por qué está deprimida Mamá?

   _____

   _____

   _____

   _____

2. ¿Por qué se altera Esperanza al enterarse de que cortar ojos de papas solo dura tres semanas?

   _____

   _____

   _____

   _____

3. ¿Por qué les da Esperanza la piñata a los niños del campamento de Marta?

   _____

   _____

   _____

   _____

4. ¿Qué información comparte Marta sobre la huelga venidera?

   _____

   _____

   _____

   _____

Nombre

Fecha

▲ Análisis de la literatura

Instrucciones: Piensa sobre la sección que acabas de leer. Lee cada pregunta y expón tu respuesta con pruebas del texto.

1. ¿En qué afecta la depresión de Mamá a su salud?

2. ¿Cómo convence Miguel a Esperanza de que cortar ojos de papas es buena idea?

3. ¿Qué hace Esperanza en el campamento de Marta que muestra que está cambiando?

4. ¿Por qué Marta le da noticias a Esperanza sobre la huelga venidera?

Nombre _____

Fecha _____

Reflexión del lector

Instrucciones: Elige y contesta uno de los siguientes temas sobre esta sección. Asegúrate de incluir una oración temática, de utilizar pruebas del texto para respaldar tu opinión y de proveer una conclusión sólida que resuma tu opinión.

Temas de escritura

- **Escrito informativo/explicativo:** Explica por qué algunos de los trabajadores decidieron ir a la huelga mientras que otros decidieron seguir trabajando.
- **Escrito narrativo:** ¿Qué problemas enfrenta Esperanza al tratar de traer a Abuelita a Estados Unidos? Idea un plan para reunir a Abuelita con su familia.

_____

_____

_____

_____

_____

_____

_____

_____

_____

_____

_____

_____

Nombre _____

Fecha _____

Lectura enfocada de la literatura

Instrucciones: Vuelve a leer con atención el capítulo 10 cuando Esperanza va a la tienda con Miguel. Empieza cuando Esperanza dice: "Miguel, ¿por qué siempre vamos a comprar tan lejos". Detente en: "Mientras él manejaba, Esperanza empezó a llenarla de caramelos". Lee cada pregunta a continuación y vuelve al texto para hallar pruebas que respalden tu respuesta.

1. Explica lo que quiere decir Miguel cuando dice: "[El Sr. Yakota] se está enriqueciendo gracias a los malos modales de otros". Utiliza el texto para respaldar tu respuesta.

   _____

   _____

   _____

2. Según esta sección, ¿qué prejuicios han experimentado o de cuáles han oído hablar Miguel y Esperanza?

   _____

   _____

   _____

3. ¿En qué se diferenciaría la historia si transcurriera en otros tiempos?

   _____

   _____

   _____

4. Utiliza ejemplos del texto para mostrar cómo ha cambiado Esperanza desde cuando era la niña consentida que acababa de llegar a California.

   _____

   _____

   _____

Nombre _____

Fecha _____

Participa en el tema: la fiebre del valle

Instrucciones: Lee el texto a continuación. Luego, responde las preguntas con oraciones completas.

La fiebre del valle es una enfermedad común en lugares secos y desérticos como California, Arizona y Nuevo México. Es causada por un hongo que vive en el suelo. El hongo puede encontrarse en el aire cuando se perturba el suelo, como después de una tormenta de polvo o de que alguien cave. El hongo entra en los pulmones de las personas cuando respiran.

A muchas personas les da la fiebre del valle y no se dan cuenta. Solo como la mitad de quienes inhalan el hongo se enferman. Las personas con la fiebre del valle se sienten como si tuvieran gripe. Tienen fiebre, tos y dolor de cabeza, pero también dolor de articulaciones y quizá sarpullido. Hay medicamentos disponibles, y la mayoría de las personas se recuperan por completo.

1. ¿Quién sería más probable que contrajera la fiebre del valle, un trabajador de la construcción o un maestro?

   _____

   _____

2. ¿Por qué crees que algunas personas que inhalan las esporas se enferman y otras no?

   _____

   _____

3. ¿Qué se puede hacer para evitar contraer la fiebre del valle?

   _____

   _____

4. ¿Qué crees que sería lo peor de contraer la fiebre del valle?

   _____

   _____

Nombre _____

Fecha _____

Exprésate con los elementos del texto

Instrucciones: Para comprender qué sucede en una novela y por qué, es muy importante pensar en los elementos del texto de personaje, escenario y trama. Completa **una** de las siguientes actividades basándote en lo que has leído hasta ahora. ¡Sé creativo y diviértete!

Personajes

Escribe una carta de Abuelita dirigida a Esperanza. Utiliza la información del libro y tus propias ideas creativas para imaginar lo que diría Abuelita.

Escenario

Haz una gráfica T para contrastar los campamentos de Esperanza y de Marta. Incluye al menos cuatro diferencias.

Trama

Crea un anuncio de periódico o de revista para la crema de manos de aguacate y glicerina de Hortensia.

Vocabulary Overview

Ten key words from this section are provided below with definitions and sentences about how the words are used in the book. Choose one of the vocabulary activity sheets (pages 55 or 56) for students to complete as they read this section. Monitor students as they work to ensure the definitions they have found are accurate and relate to the text. Finally, discuss these important vocabulary words with students. If you think these words or other words in the section warrant more time devoted to them, there are suggestions in the introduction for other vocabulary activities (page 5).

Palabra	Definición	Oración sobre el texto
cestos (c. 11)	recipientes que sirven para recoger o llevar ropa, frutas y otras cosas	Los **cestos** con espárragos tenían que atravesar las líneas de los huelguistas.
deportación (c. 11)	el acto de expulsar a alguien (normalmente alguien que no es un ciudadano) de un país	Las familias no quieren separarse, así que eligen la **deportación** voluntaria.
desesperanzados (c. 11)	que sienten que no pueden alcanzar lo que desean	Esperanza ve los rostros **desesperanzados** de las mujeres en los autobuses.
devotamente (c. 12)	de manera que muestra mucho fervor	Isabel reza **devotamente** para que la elijan la Reina de Mayo.
persistentes (c. 12)	que se mantienen firmes o constantes en algo	Los espárragos parecen ser tan **persistentes** como el deseo de Isabel de ser reina.
recaída (c. 12)	acción de enfermarse de nuevo de lo mismo	Aunque la salud de Mamá ha mejorado, existe la posibilidad de una **recaída**.
antiséptica (c. 12)	sin microbios que puedan causar enfermedades	Limpian la cabaña hasta que queda casi **antiséptica** para la llegada de Mamá.
gentilmente (c. 13)	de manera atenta y amable	Mamá dice **gentilmente** que Miguel debe necesitar el dinero para llegar al norte de California.
descifrar (c. 13)	averiguar algo que es difícil de comprender	Esperanza intenta **descifrar** de qué habla Miguel.
obsesionado (c. 13)	que tiene una idea o una intención constante	El tío Luis estaba **obsesionado** con la idea de encontrarlas.

Nombre _____

Fecha _____

Comprensión de las palabras del vocabulario

Instrucciones: Las siguientes palabras aparecen en esta sección del libro. Utiliza claves del contexto y material de referencia para determinar una definición precisa de cada palabra.

Palabra	Definición
cestos (c. 11)	
deportación (c. 11)	
desesperanzados (c. 11)	
devotamente (c. 12)	
persistentes (c. 12)	
recaída (c. 12)	
antiséptica (c. 12)	
gentilmente (c. 13)	
descifrar (c. 13)	
obsesionado (c. 13)	

Nombre _____

Fecha _____

Actividad de vocabulario durante la lectura

Instrucciones: Mientras lees estos capítulos, elige cinco palabras importantes del cuento para completar este diagrama de flujo. Sobre cada flecha, escribe una palabra. En las casillas, explica cómo se relacionan las palabras. Un ejemplo para las palabras *desesperanzados* y *deportación* ya se ha hecho como ayuda.

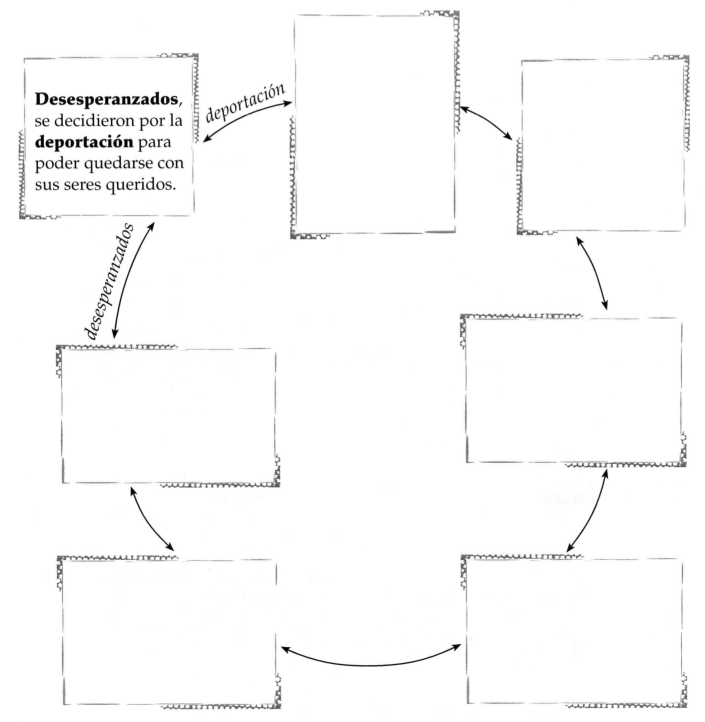

Desesperanzados, se decidieron por la **deportación** para poder quedarse con sus seres queridos.

Analyzing the Literature

Provided below are discussion questions you can use in small groups, with the whole class, or for written assignments. Each question is given at two levels so you can choose the right question for each group of students. Activity sheets with these questions are provided (pages 58–59) if you want students to write their responses. For each question, a few key discussion points are provided for your reference.

Story Element	■ Level 1	▲ Level 2	Key Discussion Points
Plot	¿Cómo sabotean los huelguistas los cajones de espárragos?	¿Qué esperan los huelguistas al sabotear los cajones de espárragos?	The strikers put snakes, rats, and broken glass in the crates to endanger the women unpacking. They do this because they are angry at the people who continue working. They want everyone to join the strike so the growers will have to listen to the strikers.
Plot	¿Qué es la deportación voluntaria?	Describe al menos dos razones por las que a Esperanza no le gusta la deportación voluntaria.	Voluntary deportation is when people choose to go back to their own country. In the book, immigration officials send outspoken strikers to Mexico, but their families will usually choose to go with them. Esperanza is sad to think some families might be separated, and she thinks it is unfair people would be deported for voicing their opinions.
Character	¿Por qué creen todos que Miguel se llevó los giros postales? ¿Por qué se los llevó en realidad?	¿Por qué es tan importante el regreso de Abuelita?	They think he took the money orders to travel and look for railroad work. He actually takes them to go get Abuelita. Her return is important because Abuelita is the missing piece of the family. Mama and Esperanza need her, and now the United States can truly become their home because Abuelita is with them.
Character	¿Por qué le pide Esperanza a Miguel que la lleve al pie de las colinas?	¿Cuál es el significado de que Esperanza pueda escuchar latir el corazón de la tierra?	Esperanza wants to lie on the ground and listen for the land's heartbeat. It is significant because she heard it in Mexico, her home, with Papa. When she first came to the United States, she could not hear it and felt like an outcast. Now, she has accepted her new home and can hear her land's heartbeat again.

Nombre _____

Fecha _____

Análisis de la literatura

Instrucciones: Piensa sobre la sección que acabas de leer. Lee cada pregunta y expón tu respuesta con pruebas del texto.

1. ¿Cómo sabotean los huelguistas los cajones de espárragos?

_____

_____

_____

2. ¿Qué es la deportación voluntaria?

_____

_____

_____

3. ¿Por qué creen todos que Miguel se llevó los giros postales? ¿Por qué se los llevó en realidad?

_____

_____

_____

4. ¿Por qué le pide Esperanza a Miguel que la lleve al pie de las colinas?

_____

_____

_____

▲ Análisis de la literatura

Instrucciones: Piensa sobre la sección que acabas de leer. Lee cada pregunta y expón tu respuesta con pruebas del texto.

1. ¿Qué esperan los huelguistas al sabotear los cajones de espárragos?

   _____

   _____

   _____

   _____

2. Describe al menos dos razones por las que a Esperanza no le gusta la deportación voluntaria.

   _____

   _____

   _____

   _____

3. ¿Por qué es tan importante el regreso de Abuelita?

   _____

   _____

   _____

   _____

4. ¿Cuál es el significado de que Esperanza pueda escuchar latir el corazón de la tierra?

   _____

   _____

   _____

   _____

Nombre _____

Fecha _____

Reflexión del lector

Instrucciones: Elige y contesta uno de los siguientes temas sobre esta sección. Asegúrate de incluir una oración temática, de utilizar pruebas del texto para respaldar tu opinión y de proveer una conclusión sólida que resuma tu opinión.

Temas de escritura

- **Escrito de opinión/argumento:** Abuelita dice que cuando el pájaro herido alzó el vuelo, sabía que era una señal de que aquello que no iba bien con Mamá estaba mejor. ¿Crees en señales como esta? Explícalo.
- **Escrito narrativo:** Ahora que Esperanza se encuentra rodeada de amigos y familiares, ¿qué predices que sucederá próximamente en su vida?

_____

_____

_____

_____

_____

_____

_____

_____

_____

_____

_____

_____

_____

Lectura enfocada de la literatura

Instrucciones: Vuelve a leer con atención la sección del capítulo 12 cuando Esperanza y Miguel discuten. Empieza cuando Hortensia dice: "¿Por qué estás tan sucio?". Detente cuando Miguel dice: "Y tú todavía piensas que eres una reina." Lee cada pregunta a continuación y vuelve al texto para hallar pruebas que respalden tu respuesta.

1. ¿Por qué cava zanjas Miguel en lugar de trabajar como mecánico?

_____

_____

_____

_____

2. Utiliza el texto para explicar por qué piensa Miguel que su vida en Estados Unidos es mejor que en México.

_____

_____

_____

3. ¿Por qué se siente Esperanza enojada y frustrada por la manera en como tratan a los mexicanos? Utiliza ejemplos de la sección para respaldar tu respuesta.

_____

_____

_____

4. ¿En qué aspectos Miguel sigue siendo como un campesino y Esperanza sigue siendo como una reina?

_____

_____

_____

Nombre _____

Fecha _____

Participa en el tema: proverbios mexicanos

Instrucciones: Estos dos proverbios se encuentran al comienzo de *Esperanza renace*. Elige uno de estos proverbios como tema de escritura. En los renglones, analiza el significado del proverbio y cómo se relaciona con las circunstancias de Esperanza y la manera en que cambió su actitud al final de la novela.

Aquel que hoy se cae,
se levantará mañana.

Es más rico el rico
cuando empobrece
que el pobre
cuando enriquece.

_____

_____

_____

_____

_____

_____

_____

_____

_____

_____

Exprésate con los elementos del texto

Instrucciones: Para comprender qué sucede en una novela y por qué, es muy importante pensar en los elementos del texto de personaje, escenario y trama. Completa **una** de las siguientes actividades basándote en lo que has leído hasta ahora. ¡Sé creativo y diviértete!

Personajes

¿Qué habría pasado si Mamá no se hubiera enfermado? Haz una lista de al menos cinco cosas que podrían haber sido diferentes en el libro. Utiliza tu lista para argumentar que la enfermedad de Mamá o ayudó a Esperanza o le hizo daño.

Escenario

Imagina cómo era la vida de Abuelita en México sin Esperanza y Mamá. Escribe unas páginas en forma de entrada de diario en las cuales describas lo que sucedía en Aguascalientes. Utiliza el texto y tu imaginación.

Trama

Crea una historieta que explique por qué Esperanza le dio a Isabel la muñeca que le había dado Papá. La historieta debe tener al menos cinco viñetas y debe incluir diálogo e ilustraciones.

Nombre _____

Fecha _____

Poslectura: pensamientos sobre el tema

Instrucciones: Lee cada una de las afirmaciones de la primera columna. Elige un personaje principal de *Esperanza renace*. Piensa en el punto de vista de ese personaje. Decide, desde su punto de vista, si ese personaje estaría de acuerdo o en desacuerdo con las afirmaciones. Registra la opinión del personaje con una **X** en De acuerdo o En desacuerdo para cada afirmación. Explica tus decisiones en la cuarta columna utilizando pruebas del texto.

Personaje que elegí: _____

Afirmación	De acuerdo	En desacuerdo	Explica tu respuesta
Si algo es injusto, debemos luchar por cambiarlo.			
Las personas pobres y las personas ricas no deberían ser amigas.			
Pasar por tiempos difíciles hace que una persona sea más fuerte.			
Volver a empezar es demasiado difícil y no vale la pena.			

Nombre _____

Fecha _____

Actividad culminante: ir a la huelga o no

Resumen: Un debate es una discusión formal con puntos de vista opuestos entre dos o más grupos o personas. En *Esperanza renace*, la decisión de ir a la huelga o de trabajar tiene grandes consecuencias. Los personajes de ambos lados del problema tienen buenas razones para pensar que hacen lo correcto.

Instrucciones: Responde las preguntas para pensar detenidamente sobre tu opinión.

1. ¿Por qué van a ir a la huelga algunas personas?

   _____

   _____

2. ¿Por qué siguen trabajando algunas personas?

   _____

   _____

3. Si fueras un personaje del libro, ¿irías a la huelga o trabajarías?

   _____

4. Utiliza al menos un ejemplo del libro para respaldar tu opinión.

   _____

   _____

   _____

5. Utiliza al menos un ejemplo de tus propias experiencias o de la vida moderna para respaldar tu opinión.

   _____

   _____

   _____

Nombre _____

Fecha _____

Actividad culminante: ir a la huelga o no (cont.)

Instrucciones: Trabaja con un grupo pequeño de personas quienes compartan tu opinión sobre el tema. Completa la información de tu grupo para cada parte del debate. Cuando hayan terminado, comenten sus ideas. Prepárense para un debate en el salón de clases.

Postura
(qué lado del asunto apoyas)

_____

Argumentos iniciales
(enumera los argumentos a favor)

_____

_____

_____

Argumentos en contra
(enumera los argumentos que podría ofrecer el otro lado)

_____

_____

_____

Refutación
(enumera argumentos que defiendan tus ideas de los argumentos en contra)

_____

_____

_____

Cierre
(vuelve a referirte a tu argumento más fuerte)

_____

_____

_____

Evaluación de la comprensión

Instrucciones: Encierra la letra de la mejor respuesta a cada pregunta.

1. ¿Qué significado tiene *campamento* según como se usa en el libro?

    A. dormir afuera en una tienda de campaña

    B. un lugar donde vive un grupo grande de personas

    C. volver de manera voluntaria al país natal

    D. un rancho grande con ganado y acres de cultivos

2. ¿Qué detalle del libro apoya mejor tu respuesta a la pregunta 1?

    E. "Las cabañas blancas de madera formaban hileras que se sucedían, una detrás de otra".

    F. "Algunos vivían en tiendas de campaña, pero otros solamente tenían sacos de yute atados a unos postes".

    G. "Su esposo, Sixto Ortega, les dejó esta casa y todo lo que contiene a usted y a su hija".

    H. "Las familias no quieren separarse de sus seres queridos y normalmente van con ellos".

3. ¿Qué idea principal contiene el texto a continuación?

    Miguel: "Los ricos se preocupan de los ricos y los pobres se preocupan de aquellos que tienen menos que ellos mismos".

    _____

    _____

4. Elige dos detalles que respalden tu respuesta a la pregunta 3.

    A. "Todavía soy rica, Isabel. Nos quedaremos aquí hasta que Abuelita esté bien para viajar".

    B. "Y sin embargo, aunque apenas se lo puede permitir, le regaló a tu madre dos gallinas".

    C. "Tomó la piñata y se la ofreció [a los niños]. Ellos no dijeron nada; solamente corrieron hacia ella".

    D. "Sus manos nunca lucirían como las de una mujer adinerada de El Rancho de las Rosas".

Evaluación de la comprensión (cont.)

5. ¿Qué afirmación expresa mejor una idea principal del libro?

    A. La libertad de expresión no tiene consecuencias.

    B. Las huelgas ayudan a que la gente gane un sueldo justo.

    C. Las personas ricas no tienen problemas.

    D. La perseverancia es importante.

6. ¿Qué detalle del libro provee la mejor evidencia para tu respuesta a la pregunta 5?

    E. "Nunca temas empezar de nuevo".

    F. "¡Todos debemos unirnos si queremos comer!".

    G. "Le parecía muy mal que expulsaran a la gente de su propio 'país libre' por defender sus opiniones".

    H. "¡Te llama 'mi reina'! ¿Me contarás cómo era tu vida cuando eras una reina?".

7. ¿Qué propósito tienen estas oraciones del libro?: "Isabel no tenía nada y al mismo tiempo lo tenía todo. Esperanza deseaba lo que Isabel tenía: quería tener tan pocas preocupaciones que algo tan simple como una muñeca de hilo la pudiera hacer feliz".

_____

_____

_____

_____

_____

_____

8. ¿Qué otra cita del libro cumple un propósito parecido?

    A. "La semana próxima voy a ir a la escuela y aprenderé a leer".

    B. "¿No te dije que el corazón de Papá nos acompañaría dondequiera que fuéramos?".

    C. "¿De verdad eras tan rica y hacías siempre lo que querías y tenías todas las muñecas y los lindos vestidos que se te antojaban?".

    D. "Isabel nunca se cansaba de las historias de Esperanza sobre su vida anterior".

Nombre _____

Fecha _____

Reflexión sobre la literatura: una nación de inmigrantes

Resumen: Estados Unidos es un país único porque la mayoría de sus residentes descienden de inmigrantes. En *Esperanza renace* el enfoque son los inmigrantes de México, pero gente de todo el mundo se ha mudado a Estados Unidos por distintos motivos. Algunos ejemplos de países de donde provienen muchos inmigrantes que han llegado a Estados Unidos son:

- Bosnia
- China
- India
- Irlanda
- Polonia
- Filipinas

Instrucciones: Elige uno de estos grupos de inmigrantes e investiga para aprender sobre ellos. ¿Cuándo y por qué muchas personas de este grupo se mudaron a Estados Unidos? ¿Dónde se asentaron? ¿Qué adversidades enfrentaron? Escribe un ensayo de investigación que compare y contraste tu grupo con los inmigrantes de *Esperanza renace*. Utiliza datos y detalles de tus investigaciones y también cita la novela para respaldar tus pensamientos. En conclusión, explica tu opinión sobre esta pregunta: *¿Es Estados Unidos en verdad la tierra de las oportunidades?*

Tu reflexión sobre la literatura en forma de ensayo debe seguir estas pautas:

- Ser de al menos 750 palabras.
- Cita información sobre tu grupo de inmigrantes.
- Compara y contrasta tu grupo con los inmigrantes de *Esperanza renace*.
- Cita por lo menos tres referencias de la novela.
- Provee una conclusión que resuma lo que piensas y lo que sientes.

Los ensayos finales deben entregarse el _____.

Nombre _____

Fecha _____

Pauta: Reflexión sobre la literatura

Instrucciones: Utilice esta pauta para evaluar las respuestas de los estudiantes.

	Escritura excepcional	Escritura de calidad	Escritura en desarrollo
Enfoque y organización	☐ Enuncia una opinión clara y profundiza de buena manera. Hace que el lector se interese empezando con la oración con gancho, en el nudo y hasta la conclusión. Demuestra un entendimiento claro de los lectores potenciales y del propósito del escrito.	☐ Provee una opinión clara y consistente. Mantiene un punto de vista claro y lo respalda al explayar los detalles. Forma una opinión clara desde el comienzo en el gancho y resume correctamente en la conclusión.	☐ Provee un punto de vista inconsistente. No respalda el tema de manera correcta o se salta información pertinente. No hay suficiente claridad en el principio, en el nudo y en la conclusión.
Pruebas del texto	☐ Provee información de respaldo completa y precisa. Incluye referencias de texto relevantes y apropiadas.	☐ Provee información de respaldo limitada. Provee pocas referencias de texto como respaldo.	☐ Provee un respaldo muy limitado para el texto. No provee referencias de texto como respaldo.
Expresión escrita	☐ Usa lenguaje descriptivo y preciso de manera clara e intencionada. Mantiene una voz consistente y usa un tono apropiado que respalda la intención del texto. Usa varios tipos de oraciones y hay buenas transiciones entre las ideas.	☐ Usa un vocabulario amplio. Mantiene una voz consistente y respalda un cierto tono y sentimientos por medio del lenguaje. Varía la longitud de las oraciones y varía las palabras que usa.	☐ Usa un vocabulario limitado y no variado. Provee una voz y un tono débiles e inconsistentes. Provee poca o nula variación en el tipo y en la longitud de las oraciones.
Convenciones del lenguaje	☐ Hace uso correcto de las mayúsculas, la puntuación y la ortografía. Demuestra ideas completas dentro de las oraciones con concordancia correcta entre los sujetos y los verbos. Usa párrafos de manera apropiada y con un propósito claro.	☐ Hace uso correcto de las mayúsculas, la puntuación y la ortografía. Demuestra pensamientos completos en las oraciones y uso correcto de la gramática. Los párrafos están divididos y respaldados de manera correcta.	☐ Hace uso incorrecto de las mayúsculas, la puntuación y la ortografía. Usa oraciones fragmentadas o mal construidas. Usa gramática incorrecta en general. Los párrafos están mal divididos y poco desarrollados.

The responses provided here are just examples of what the students may answer. Many accurate responses are possible for the questions throughout this unit.

During-Reading Vocabulary Activity—Section 1: Prólogo–Capítulo 3 (page 16)

1. Los **caprichos** de Abuelita incluyen caminar descalza entre las uvas con un libro en la mano y leer poemas a los pájaros.

2. La **influencia** del tío Luis llega muy lejos; él puede hacerle la vida muy difícil a Mamá.

Close Reading the Literature—Section 1: Prólogo–Capítulo 3 (page 21)

1. Sería difícil que Mamá y Esperanza se quedaran porque el tío Luis quemaría las casas de los empleados. La gente tendría miedo de ayudarlas para no hacer enojar al tío Luis. Si se quedan en México, tendrían que irse muy lejos, donde nadie conozca al tío Luis.

2. El plan de Mamá debe mantenerse en secreto porque si el tío Luis se entera, impedirá que abandonen el país. Marcharse en lugar de casarse con el tío Luis sería un gran insulto, así que tendrán que estar muy lejos para cuando se dé cuenta.

3. Abuelita apacigua a Esperanza diciéndole que aunque será difícil, empezar de nuevo no es algo a lo que haya que temer. Abuelita tuvo que empezar de nuevo cuando de niña ella y su familia se mudaron de España a México, así que comparte su propia experiencia.

4. Esperanza piensa que ella y Mamá vivirán en una casa grande en California y que Alfonso, Hortensia y Miguel las cuidarán. Abuelita se reunirá con ellas en cuanto pueda y se escaparán de su horrible tío.

Making Connections—Section 1: Prólogo–Capítulo 3 (page 22)

- Ejemplos de mala suerte incluyen los viernes 13, romper un espejo, caminar bajo una escalera o un gato negro que se cruza en tu camino. Ejemplos de buena suerte incluyen las herraduras de caballo, una pata de conejo, una moneda de un centavo en el suelo o un trébol de cuatro hojas.

1. Esperanza se pincha el pulgar con la espina de una rosa, lo cual se supone trae mala suerte.

2. Las personas creen en supersticiones porque han oído hablar de ellas toda la vida y las aceptan como verdaderas. Algunas personas creen en supersticiones porque estas creencias las tranquilizan.

3. Students should provide examples to support why they do or do not believe in superstitions.

During-Reading Vocabulary Activity—Section 2: Capítulos 4–5 (page 26)

1. La gente pensaría que los niños eran **privilegiados** porque saltaban sobre los asientos de cuero, se divertían en el vagón restaurante y pedían almuerzo.

2. La **actitud** de Mamá cambia porque el funcionario le está haciendo preguntas y ella quiere que apruebe su entrada a Estados Unidos.

Close Reading the Literature—Section 2: Capítulos 4–5 (page 31)

1. El propósito de Carmen es mostrar la reacción de los otros personajes hacia ella. Mamá es amable y le hace confidencias, y muestra que acepta su nueva posición social. Miguel admira su generosidad, y muestra que entiende cómo es ser pobre. Esperanza no cree que Carmen es respetable, y muestra que todavía se aferra a su actitud privilegiada.

2. Carmen muestra que es generosa al ofrecerle un dulce a Esperanza, al darle a Mamá dos de sus seis gallinas y al darle comida y dinero a la mendiga.

3. Esperanza se sorprende porque Mamá no actuaría de esta forma normalmente. Permite que Esperanza acepte un dulce de Carmen y le cuenta sobre la muerte de Papá y sobre su emigración a Estados Unidos. Mamá no actúa como una mujer adinerada, sino como la campesina que es ahora.

4. Miguel quiere decir que a los ricos no les importan los pobres: la gente que llevaba ropa elegante le dio la espalda a la mendiga. Pero Carmen, quien es pobre y vende huevos para sostener a su familia, le da comida a la inválida.

Close Reading the Literature—Section 3: Capítulos 6–8 (page 41)

1. Esperanza se siente sola en medio de la multitud. Mamá y Hortensia platican con otras mujeres, y Esperanza quiere quedarse cerca en lugar de explorar. Ve a unas niñas de su edad y extraña a su amiga Marisol.

2. Marta cree que los trabajadores deben ir a la huelga porque se les trata y se les paga injustamente. Compara a los trabajadores con los gatitos que no se defienden. Si todos los mexicanos se unen para ir a la huelga, cree que las condiciones para todos mejorían.

3. El hombre entre la gente no quiere ir a la huelga porque solamente quiere alimentar a su familia. No le preocupa lo que hacen o piensan los demás. Vino a Estados Unidos a trabajar.

4. Josefina no irá a la huelga. Dice que su campamento es mejor que la mayoría y que no pueden perder sus empleos. Sabe que viene más gente de Oklahoma en busca de empleo, y si los mexicanos van a la huelga, las grandes plantaciones simplemente los contratarán a ellos.

During-Reading Vocabulary Activity—Section 4: Capítulos 9–10 (page 46)

1. Algunas personas pueden pasar por el proceso de **repatriación** si causan problemas y sus papeles no están en orden.

2. Miguel tiene la cara **animada** porque le entusiasma el empleo en el taller del ferrocarril.

Close Reading the Literature—Section 4: Capítulos 9–10 (page 51)

1. Miguel dice que al tratar a la gente con respeto, más gente va a su tienda y el Sr. Yakota puede ganar más dinero. No llama a los mexicanos "sucios mugrientos" y su inventario incluye cosas que quieren, como chiles, frijoles y chorizo.

2. Algunos de los prejuicios de los que han oído Miguel y Esperanza son que la gente piensa que no tienen educación y solamente sirven para trabajo manual; que en los cines hay secciones segregadas; y que la gente no quería que sus hijos fueran a las mismas escuelas que los mexicanos.

3. Si la historia transcurriera en tiempos modernos, habría menos discriminación racial. Ya no hay secciones separadas o escuelas distintas para blancos, mexicanos y afroamericanos. Esperanza y Miguel tendrían que asistir a la escuela.

4. Esperanza muestra que está cambiando al bromear sobre sus adversidades. Lleva ropa de segunda que le queda grande y lleva el cabello en una trenza y sin embargo, bromea con Miguel diciendo: "¿Cómo puede mirarme alguien y pensar que no tengo educación?". Muestra su generosidad comprando la piñata para Mamá y quiere darles los dulces a las enfermeras.

Making Connections—Section 4: Capítulos 9–10 (page 52)

1. Sería más probable que trabajadores de la construcción contrajeran la fiebre del valle porque trabajan al aire libre y cavan en la tierra.

2. Algunas personas no se enferman porque sus cuerpos son más saludables y más fuertes.

3. Una persona podría trabajar bajo techo o llevar puesta una mascarilla en el exterior para evitar contraer la fiebre del valle.

4. Student responses will vary.

Close Reading the Literature—Section 5: Capítulos 11–13 (page 61)

1. Miguel cava zanjas porque el ferrocarril no lo quiere como mecánico. Un grupo de hombres de Oklahoma llega y trabajan por la mitad del dinero aunque no tienen experiencia. Su jefe le dice que puede cavar zanjas, y lo hace porque necesita que le paguen el día.

2. La vida de Miguel es parecida a su vida en México, pero hay una gran diferencia. En México, solamente podría ser campesino y un ciudadano de segunda clase, pero en Estados Unidos, puede llegar a ser algo más. Sabe que hay pocas posibilidades y que debe ser muy decidido para triunfar, pero podría suceder.

3. Esperanza se enoja porque la gente trata a los mexicanos como si fueran ignorantes y sucios. Sabe que Isabel no será la Reina de Mayo aunque tenga las mejores calificaciones, porque es mexicana. Los "okies" van a recibir una alberca, agua caliente y retretes en su campamento. Los mexicanos no tendrán eso y solamente pueden nadar en la alberca el día antes de que se limpia porque son "sucios".

4. Miguel es como un campesino porque es pobre, hace trabajo manual y no puede tener el trabajo que realmente desea. Esperanza es todavía como una reina porque le molesta que su vida sea como "el zigzag" de la manta en vez de "hileras perfectas" del viñedo. Juzga a Miguel igual que en México llamándolo campesino y diciéndole que aún está en la otra orilla del río.

Comprehension Assessment (pages 67–68)

1. B. un lugar donde vive un grupo grande de personas

2. E. "Las cabañas blancas de madera formaban hileras que se sucedían, una detrás de otra".

3. Idea principal: Los pobres son más generosos y solícitos que los ricos.

4. B. "Y sin embargo, aunque apenas se lo puede permitir, le regaló a tu madre dos gallinas". C. "Tomó la piñata y se la ofreció [a los niños]. Ellos no dijeron nada; solamente corrieron hacia ella".

5. D. La perseverancia es importante.

6. E. "Nunca temas empezar de nuevo".

7. Esperanza se da cuenta de que todavía es materialista. Quiere aprender a ser feliz con lo que tiene y gozar de las cosas pequeñas de la vida.

8. A. "La semana próxima voy a ir a la escuela y aprenderé a leer".